AF243584

RECHERCHES SUR LES CAUSES

DE NOTRE

AFFAISSEMENT MORAL

> Tous les bons esprits répètent, depuis Bacon, qu'il n'y a de connaissances réelles que celles qui reposent sur des faits observés.
>
> (Auguste Comte, *Cours de philosophie positive*, t. I, page 17.)

REIMS

MATOT-BRAINE, IMPRIMEUR-LIBRAIRE

RUE DU CADRAN-SAINT-PIERRE

—

1874

AVIS AUX LECTEURS

Nous avons trouvé dans le portefeuille d'un de nos amis, mort depuis quelques mois, le manuscrit que nous publions aujourd'hui.

Nous le publions, du consentement de la veuve, avec le concours de quelques amis, ouvriers comme nous, comme il l'était lui-même, espérant d'abord qu'il ne déplaira pas, ensuite et surtout, parce que nous le croyons susceptible de rendre quelques services aux déshérités de la science, tant pour le sujet qu'il traite, que pour les quelques notes dont il a su l'enrichir.

Si l'ouvrage ne répondait pas à votre attente, pardonnez-nous, lecteurs, en faveur de notre intention, et n'incriminez pas le défunt qui, s'il eût vécu, ne vous eût, ni peu ni prou, entretenus de ses élucubrations philosophiques et religieuses.

J. R....

RECHERCHES SUR LES CAUSES

DE NOTRE

AFFAISSEMENT MORAL

Parmi les discours qui ont été prononcés sur l'état de notre situation présente, il en est un qui m'a frappé d'une manière toute particulière : ce discours est celui qu'a prononcé Monseigneur Landriot, le dimanche 3 décembre 1871. *Ce qui manque le plus à nos sociétés modernes*, a dit Son Excellence, *c'est le respect.*

Je suis, pour ma part, et n'en déplaise aux optimistes, complétement de l'avis de notre archevêque.

En effet, dans une nation, quand la dignité humaine est foulée aux pieds; quand petits et grands en sont venus à se mépriser réciproquement; quand l'homme, revêtu d'une dignité quelconque, abuse de son titre et traite sans égards celui ou ceux que la nécessité a placés sous ses ordres, on peut dire de cette société qu'elle est bien malade.

Mais où je commence à me séparer de Son Excellence, c'est quand elle définit le mot **respect**; j'avoue humblement que je ne puis admettre ni cette définition, ni l'origine transcendante qu'elle veut bien en donner.

Le respect, selon Son Excellence, *est un sentiment exquis de l'âme, qui nous porte à nous* INCLINER AVEC VÉNÉRATION *devant tout ce qui nous paraît beau et divin* (1).

Et pour appuyer cette définition, elle ajoute : *La*

---

(1) Ce n'est pas là du respect, mais une espèce d'adoration. L'homme devant son semblable ne s'incline pas, ne fait pas de génuflexions, il salue de vive voix et c'est tout.

C'est ainsi que le pratiquaient les fils de la Louve qui, au dire de Lefèvre de Morsan (Mœurs et usages des Romains), *ne se rencontraient point dans les rues sans se saluer du mot* AVE *si c'était le matin et de celui de* SALVE *si c'était le soir.* Ils réservaient leurs génuflexions pour leurs idoles, ainsi que le prouve l'article suivant que j'emprunte au Dict. abrégé d'antiquité (art. adoration). *Quand les anciens voulaient adorer leurs idoles, ils se couvraient la tête d'un voile qui retombait sur leur visage. Après avoir tourné à droite autour de leurs statues et de leurs autels, ils se prosternaient ou se mettaient à genoux; dans cette posture, abaissant l'index sur le pouce, qu'ils tenaient élevé aussi bien que les autres doigts, ils portaient la main à la bouche en la baisant.*

Encore une citation que nous dérobons au Dict. philosophique : *Plus un peuple est libre, moins il a de cérémonies, moins de titres fastueux, moins de démonstrations d'anéantissement devant son supérieur. On disait à Scipion,* SCIPION, *et à César,* CÉSAR ; *tout cela ne prouve-t-il pas que les Romains du bon temps étaient grands et modestes, et que nous sommes petits et vains ?*

Entre cette manière de faire et celle enseignée dans nos écoles, la différence est grande ; la première est celle d'hommes qui comprenaient la dignité humaine et qui dans les relations sociales savaient la pratiquer, tandis que chez nous on dirait qu'on a pris à tâche de faire de nous autres plébéiens, un peuple de laquais.

En terminant cette note, déjà bien longue, il me revient en mémoire

*religion nous enseigne que l'autorité dans la famille
et dans la société vient de Dieu ; et que tout ce qui a
droit ici-bas au respect et à la soumission vient de
Dieu et ne peut venir que de Dieu* (1).

Enfin, et comme trait final, on accuse d'être la cause
de la perte du respect ceux qui, directement ou par
des voies détournées, ont cherché à *déchristianiser les
nations.*

C'est ce que nous allons examiner, et s'il ressort de
la discussion que la cause de la perte du respect est
justement dans l'origine surhumaine qu'on lui assigne,
force nous sera de conclure contre cette origine et de
la chercher ailleurs, car il est impossible que ce sentiment, qui est la base même sur laquelle repose toute
société, n'ait pas sa source quelque part.

---

un certain d'Agouges, lieutenant-civil, *qui avait*, dit le biographe de
Gallet, *un tarif de révérences et de saluts pour chaque personne,
suivant son état et sa condition.*

C'est probablement ce d'Agouges que J.-B. de la Salle aura con-
sulté pour écrire son chapitre : *De la manière dont on doit saluer
les personnes que l'on visite.* Quoi qu'il en soit, il ne pouvait con-
sulter un personnage plus compétent et surtout plus *civil.*

(b) Placer un Louis XV, un Alexandre VI, un Cardinal Dubois,
(de tels gens ne sont pas rares dans les autres régions), placer dis-je,
de tels drôles en face de la conscience humaine et exiger d'elle, de par
Dieu, le respect, la vénération qu'elle accorde spontanément à un
Fénelon, à un Vincent de Paul, c'est la mettre à une épreuve au-dessus
de ses forces et chercher à faire mentir Dieu ; je pourrais, tout au
plus les saluer en passant, et cela pour ma sécurité, parce qu'il y aurait
danger pour ma personne en agissant autrement ; quant à les respecter,
jamais !....

L'estime, le respect, dit Pascal, *nous ne les devons qu'aux
grandeurs naturelles ; et nous devons au contraire le mépris
et l'aversion aux qualités contraires à ces grandeurs naturelles.*

Avant d'aborder la question, nous croyons devoir, dans l'intérêt de la vérité, déclarer, pour ce qui concerne la critique du dix-huitième siècle, critique superficielle et libertine, que le reproche est mérité ; en effet, le respect venant de Dieu, comme le dit Monseigneur, il est évident qu'en attaquant la religion, qui proclame ce principe, on détruisait du même coup la base sur laquelle reposait la société d'alors ; il eût été plus sage de s'abtenir si on n'avait rien de mieux à donner, sans doute, mais quoi ! il ne faut attendre des hommes que ce que des hommes peuvent donner. Les critiques du dix-huitième siècle sentaient, *instinctivement*, qu'il y avait là quelque chose qui n'était pas *naturel*, et, à défaut de science, ils ont uni ce qu'ils ont pu de railleries dans la critique ; le rire sardonique de Voltaire est, et restera, le sublime du genre.

Avant les travaux de l'âge mûr, les espiègleries de la jeunesse.

Aujourd'hui que la société repose sur d'autres bases, que le droit divin a fait place au droit humain, il n'en est plus de même ; on peut, sans encourir le même reproche, se livrer à la critique de la religion sans pour cela que la société politique en reçoive la moindre atteinte.

Il nous fallait constater cette différence pour dégager du reproche lancé par Son Excellence quiconque touche à la religion et à sa pédagogie.

Maintenant abordons notre sujet.

Il est de foi dans l'Église Romaine que l'homme, aussitôt sa conception, est abandonné à la concupiscence, dégradé, souillé, incapable par lui-même de produire œuvre de justice (1).

De là cette série d'institutions qui attendent le chrétien à chacune des étapes de la vie pour le réconforter, le lester, si je puis ainsi dire, de grâces spéciales, afin qu'il puisse arriver sans encombre au but final de la vie qui est le salut.

A part le sacrement de l'Ordre qui est réservé pour les clercs, tous les autres ont pour but d'aider à la sanctification des fidèles.

Malgré ce luxe de précautions, le sujet, de sa nature, est tellement vicié que pour les trois quarts et demi des croyants la damnation est plus que certaine.

Que n'a-t-on pas dit, que ne dira-t-on pas encore sur cette perversité native ?

Pour ce seul fait qui, pour ce qui nous regarde, était indépendant de notre volonté, l'homme a été conspué, moqué ; la femme, que sa faiblesse même aurait dû mettre à l'abri des outrages, la femme, dis-je,

_____

(1) L'homme depuis la chute d'Adam, environné de faiblesse de toute part, corrompu dans sa chair, privé de lumière dans l'esprit, porté au mal par le penchant de sa volonté, n'a de lui-même, selon les conciles, que le mensonge et le péché.

Pensées chrétiennes tirées de l'Ecriture Sainte et des Saints-Pères, page 149.

« Toute ma vie n'est que puanteur, je ne suis qu'infection dans mon corps et dans mon âme; tout en moi exhale une odeur de corruption causée par les abominations de mes péchés et de mes injustices, et ce qui m'est encore pis, je sens cette puanteur s'accroître en moi tous les jours et devenir de plus en plus insupportable. »

Qui parle ainsi ? Peut-être allez vous croire que c'est quelque Troppmann repentant ; détrompez-vous, l'auteur de ce passage n'est autre que saint Vincent Ferrier. (Extrait de son *Traité de la vie spirituelle.*)

a été insultée, honnie ; et je ne m'explique pas que des hommes sérieux, comme l'étaient les Pères de l'Eglise, soient, à cet égard, descendus à ce degré d'invectives.

De ce qui précède, il ressort : que l'homme, foyer de corruption, ne pouvait être pris pour type et image vivante du respect, et que greffer ce *sentiment exquis de l'âme* sur une pareille souche, c'eût été le vouer d'avance à une perte certaine ; et comme on ne pouvait se passer de ce sentiment, on a trouvé plus commode de le placer en Dieu, parce que, juché-là, il était, ou semblait être, à l'abri de toutes atteintes.

Hélas ! hélas ! l'expérience est venue démontrer que si on ne pouvait mieux penser, on ne pouvait plus mal agir ; en effet vienne le jour où la raison prenant un à un ces dogmes révélés et les fasse passer au creuset d'une critique sévère, il n'en restera rien ; alors la religion venant à s'effacer dans les âmes, la société manquant de lest. sera le jouet de ses caprices, de ses passions désordonnées, de même qu'un navire sans gouvernail est le jouet des vents et des tempêtes.

Il était réservé à notre époque de donner un pareil spectacle.

Voilà où nous en sommes : le scepticisme a envahi les âmes et le doute plane sur la politique, la religion, la justice et la morale ; nous n'avons pas d'autre Dieu que l'égoïsme, et ceux qui prennent au sérieux le *Droit* et le *Devoir* sont considérés comme des impor-tuns dont il faut débarrasser la société qu'ils viennent troubler dans son harmonie par leur notes discordantes : jouir, et n'importe à quel prix, n'est-ce pas là la devise contemporaine ?....

Alors, dira-t-on, retournez à cette religion qui, comme une tendre mère, vous tend les bras avec amour. Ne voyez-vous pas sur ses lèvres le pardon qu'elle a dans le cœur ? Pourquoi hésiter ? Allez dans son sein cacher votre honte et votre repentir, et, comme par le passé, reposez-vous sur elle du soin de votre bonheur présent et de votre félicité future.

Reculer est impossible : l'histoire ne se répète pas.

Entre la religion et ses pratiques, d'une part ; entre la raison et ses exigences, d'autre part, il n'y a pas de compromis possible : nous sommes altérés de liberté, d'égalité, et pour tout dire, de justice, toutes choses qu'elle répudie, et nous irions nous désaltérer à cette source !

Et puis le moment est mal choisi pour un appel de ce genre ; ce n'est pas quand les chefs de colonne désertent le drapeau, et que le gros des bataillons s'ébranle pour venir dans nos rangs combattre pour la justice, que nous aurions, à la veille de vaincre, une pareille faiblesse : honte pour qui recule !....

Toutefois ne donnons rien à l'imprévu, et avant que de conclure définitivement, examinons si, en dehors de la religion, il n'y aurait pas, pour les sociétés, une voie de salut.

La raison, aidée de l'expérience, démontre : que l'homme naît, non pas vicié, corrompu, comme on se plaît à nous le raconter depuis dix-huit siècles, mais ignorant, sociable, et perfectible indéfiniment ; conséquemment qu'il a en lui, tous les éléments nécessaires pour sa justification, et que chercher en dehors de lui, dans une religion révélée quelconque, ces mêmes éléments, c'est se tromper grossièrement, ou être de mauvaise foi.

L'abeille, le castor et en général tous les animaux, arrivés à leur entier développement physique, savent en une fois et instinctivement ce qu'ils sauront jamais, tandis que l'homme, au contraire, attend tout de l'expérience et n'arrive à la science que par gradation.

L'homme à l'état sauvage, isolé, comme être moral n'existe pas, il n'a ni droit ni devoir ; le bien et le mal moral lui sont inconnus et à plus forte raison la justice ; mais aussitôt qu'il abandonne cet état d'isolement pour vivre en société, ses facultés juridiques, qui résidaient au plus profond de sa conscience, se développent au fur et à mesure que ses relations avec ses semblables s'étendent et grandissent ; toutes les nations ont passé par là avant d'arriver au degré de civilisation dont elles jouissent à cette heure ; l'histoire est là qui le prouve d'une manière surabondante.

Ainsi, contrairement à la religion, qui déclare l'homme *déchu*, nous trouvons, nous, qu'il est *digne*, et c'est sur ce principe de la *dignité humaine* que nous fondons le *respect*, c'est-à-dire la justice et la morale.

J'entends quelques-uns de mes lecteurs qui me disent : vos affirmations, bonnes pour vous, ne nous suffisent pas ; il faut, pour nous convaincre, des preuves probantes ; affirmer n'est pas prouver.

Eh ! qu'en savez-vous ? *Un fait que la conscience elle-même atteste*, dit M. J. Simon, *est au-dessus de nos démonstrations, comme il est au-dessus de nos négations. Sans cela*, ajoute le même auteur, *la science humaine ne serait qu'un cercle vicieux, si elle ne dé-*

butait pas par un acte de foi à la légitimité de nos facultés ; car qu'est-ce que prouver ? c'est remonter à un principe ; donc il y a en logique un premier principe qui ne se prouve pas (1).

Voilà pourquoi au lieu de passer notre temps à accumuler preuves sur preuves, démonstrations sur démonstrations, et grossir inutilement cette brochure, nous débutons par un *acte de foi*, et cet *acte de foi,* ce principe de la *dignité humaine*, nous le plaçons, non pas dans la famille, comme le fait M. J. Simon, mais dans l'homme lui-même, et comme faisant partie intégrante de son individualité, principe sans lequel il n'eût jamais franchi l'intervalle qui sépare la brute de l'humaine espèce.

Oui, nous ne craignons pas de le redire, c'est parce qu'il se sent *digne* qu'il fait tous les jours de suprêmes efforts pour acquérir, avec la science, la sagesse, afin de se grandir à ses propres yeux et par là mériter, de plus en plus, son estime et celle de ses concitoyens.

Enfin, et pour en finir, nous adressons à ceux de nos lecteurs qui persisteraient dans l'opinion contraire, cette question, que M. Guizot, alors ministre et député, adressait à ses électeurs, au banquet de Lisieux :

Vous sentez-vous corrompus?.. Si oui, continuez comme par le passé, à paître dans les mêmes pacages, à vous abreuver à la même piscine ; quant à nous, nous déclarons en avoir assez.

Qui êtes-vous, dira-t-on, pour venir en votre nom, et de votre autorité privée déclarer, à la face du

(1) *Le Devoir,* pages 10, 284, 299.

monde, que la religion est une chose et la morale une autre ; pourquoi séparer ce que Dieu a joint ?

Distinguons. *Il y a*, dit Boiste, *la morale divine qui fixe les devoirs de l'homme envers Dieu* ; celle-là, nous l'abandonnons à la religion et à ses ministres ; *il y a la morale humaine qui fixe les devoirs de l'homme envers ses semblables et envers lui-même* ; celle-là nous soutenons qu'elle a son principe, sa base, en dehors de la religion ; nous ne sommes pas seul de cet avis ; outre le lexicographe déjà cité, en voici un autre dont la rectitude de jugement ne sera pas contestée ; écoutez : *Pour ceux qui ont fait des études philosophiques un peu étendues*, dit M. Guizot, *il est, je crois, évident aujourd'hui, que la morale existe indépendamment des idées religieuses ; que la distinction du bien et du mal moral, l'obligation de fuir le mal, de faire le bien, sont des lois que l'homme reconnaît dans sa propre nature, aussi bien que les lois de la logique, et qui ont en lui leurs principes, comme dans sa vie actuelle leur application* (1).

De nos jours, dit encore M. Guizot, *la religion et la société ont cessé de se comprendre et de marcher parallèlement. Les idées, les sentiments, les intérêts qui prévalent maintenant dans la vie temporelle, ont été, sont, chaque jour, réprouvés, condamnés, au nom des sentiments, des idées, des intérêts de la vie éternelle. La religion prononce anathème sur le monde nouveau et s'en tient séparée ; le monde est près d'accepter l'anathème et la séparation* (2).

(1) *Histoire de la civilisation en Europe*, Vme leçon.
(2) Extrait de la *Revue française*.

Noûs pourrions allonger singulièrement les citations; nous pensons que celles-ci doivent suffire; elles viennent d'hommes qu'on n'accusera pas, certes, de vouloir bouleverser la société.

Ainsi, il est généralement reconnu, par *ceux qui ont fait des études philosophiques*, que la morale existe en dehors de toute religion ; et, chose non moins grave, que la société va à gauche tandis que la religion tire à droite ; qu'inévitablement il y aura, un jour ou l'autre, déchirement, rupture; en attendant, et puisque la philosophie, cause involontaire du mal, porte en elle le remède, c'est à populariser ces études qu'il faut aujourd'hui s'attacher, sous peine de voir la société s'effondrer dans le plus épouvantable chaos.

Résumons-nous.

Nous croyons avoir démontré que la religion en déclarant l'homme *indigne*, avait fait preuve d'ignorance et d'incapacité ; puis, cette première faute commise, d'en commettre immédiatement une seconde, en faisant de l'obligation réciproque du respect, une loi de Dieu, puisque la critique du dix-huitième siècle, critique inconsciente et légère, a suffi pour réduire à néant cet étalage grandiose et sans consistance.

En même temps nous constations que cette critique avait semé le doute dans les consciences et ébranlé, sinon détruit, l'ancienne société, fondée comme on sait sur l'inégalité la plus criante, et pour le reste abandonnée à la grâce de Dieu, c'est-à-dire à l'arbitraire et au bon plaisir du prince ou de ses favoris.

Cette polémique à outrance, ce travail de démolition a duré jusqu'en 1789, jour à jamais mémorable, où l'élite de la nation niant le *Droit divin*, fonda la société nouvelle sur les *Droits de l'homme et du citoyen*.

C'est de ce jour que date non pas officiellement, d'une manière effective, mais implicitement, la séparation de l'Eglise d'avec l'Etat.

Séparer l'Eglise de l'Etat, c'était du même coup séparer la morale divine, représentée par l'Eglise, de la morale humaine, représentée par la philosophie. Depuis cette séparation, les deux morales ont marché côte à côte, non sans se heurter : l'une voulant évincer l'autre ; enfin, elles ont marché et marcheront ainsi jusqu'au jour où la masse du peuple, abjurant la première, embrassera avec amour la philosophie, seule égide qui doive à l'avenir abriter l'humanité bienheureuse et régénérée !....

En écrivant cet opuscule nous n'avions pas, on le pense bien, la prétention de nous poser en docteur du droit nouveau ; il faut, pour cela, des connaissances qu'on n'acquiert qu'après avoir fait des études spéciales, longues et pénibles, lesquelles nous sont tout à fait étrangères ; mais nous avions à cœur de prouver à nos adversaires que s'ils ont des raisons pour croire, nous en avons d'aussi fortes, sinon meilleures, pour rejeter leur enseignement.

Ils croient en Dieu, c'est-à-dire à la révélation et à tout ce qui en découle, c'est bien ; nous croyons, nous, à l'indéfectibilité de la raison.

Lequel vaut mieux ?

Reims. — Imprimerie Matot-Braine.